tequila

Werner Obalski · Jürgen Deibel

Kultur & Genuss

impressum

ISBN 978-3-7750-0537-1
4 3 2 1 | 2011 2010 2009 2008

© 2008, Walter Hädecke Verlag, Weil der Stadt
www.haedecke-verlag.de

© Text: Werner Obalski und Jürgen Deibel
© Rezepte: René Mohaupt, München (Seiten 74, 78, 80 und 86);
Ingeborg Pils, München (Seiten 68, 70, 73, 83 und 85)
Foodfotos: Jana Liebenstein, München
Food Styling: Michael Pannewitz, München
Titelbild: Jana Liebenstein, München
Lektorat: Monika Graff, Weil der Stadt
Gestaltung und Satz: Julia Graff, Design & Produktion, Düsseldorf
Gesetzt aus der Pikelet und der MetaPlus
Litho: LUP AG, Hürth
Druck: Westermann Druck Zwickau GmbH
Printed in Germany 2008

mengen, abkürzungen und temperaturangaben

TL	–	Telöffel	Pck	–	Päckchen
EL	–	Esslöffel	Ø	–	Durchmesser
cl	–	Zentiliter (1/100 Liter)	cm	–	Zentimeter
ml	–	Milliliter (1/1000 Liter)	geh.	–	gehäuft
g	–	Gramm	gestr.	–	gestrichen
kg	–	Kilogramm	ca.	–	circa

Die Rezepte sind für vier Portionen berechnet. Die Temperaturangaben beziehen sich auf die Zubereitung in einem normalen Elektroofen mit Ober- und Unterhitze, soweit nicht anders angegeben.

inhalt

vorwort

Tequila kommt von Herzen. Von welchen Herzen und wie das geht, wird in den folgenden Kapiteln näher beschrieben, die Ihnen, liebe Leserinnen und Leser, dieses außergewöhnliche Getränk näherbringen werden. Bekannt geworden ist Tequila hierzulande zunächst durch Wildwestfilme, die an der mexikanischen Grenze oder ein paar Meilen jenseits derselben spielten. Auch spätere Hollywoodproduktionen brachten Tequila einem großen Publikum näher (siehe Seite 23 ff.: Tequila und die Kunst).

Der süffige Mexikaner gehört zu den bekanntesten und spannendsten Spirituosen, die es gibt. Er dürfte allerdings vom Geschmack her auch der eigenwilligste sein. Nicht zuletzt diese Eigenschaft hat dazu geführt, dass es vor ein paar Jahrzehnten regelrecht schick war, dieses Getränk zu genießen. In Mexiko wird zu Tequila oft Salz und Limette in Schälchen gereicht. Das mag daran liegen, dass auch diese Zutaten desinfizierende Eigenschaften haben – unten den hygienischen Bedingungen früherer Zeiten ein wichtiges Argument. Das in der Folge auch bei uns zelebrierte Ritual – Zitrone und Salz zum Tequila – kam über die Bars Floridas und der mexikanischen Urlaubsgebiete über den Atlantik. Viele Konsumenten kennnen Tequila daher nur in dieser Verbindung oder als hochprozentige Zutat aus Cocktails oder Longdrinks. Doch diese einzigartige Spirituose hat es unseres Erachtens verdient, auch pur genossen zu werden. Wir laden Sie ein, auf den folgenden Seiten mit uns in die faszinierende Welt der Tequilas einzutauchen.

Werner Obalski & Jürgen Deibel

Barausstattung (oben); Musiker in Mexico City (unten links); Reiter in Mexico City (unten rechts).

einleitung

Während die hart-alkoholischen Verwandten des Tequilas fast überall produziert werden können und sie wie Whisk(e)y, Gin, Wodka,
Korn & Co. aus Getreide bestehen oder kurz ober- oder unterhalb
des Äquators aus Zuckerrohr wie Rum und Cachaça oder wie die
Traubenbrände Cognac, Brandy und Weinbrand aus Weinregionen
stammen, ist Tequila schon etwas ganz Besonderes.
Die Basis des Destillats ist einmalig: Die Agave *Tequilana Weber
variedad Azul* oder kurz die *Blaue Weberagave* – sie gedeiht ausschließlich in den trockenen Regionen Mittelamerikas, vorwiegend
in Mexiko. Fristete der Aztekenschnaps vor einigen Jahrzehnten hier
noch ein bescheidenes Dasein – verglichen mit Whisk(e)y & Co. –,
begann seine »Entdeckung« bei uns Mitte der Sechziger, gefolgt
von einer recht furiosen Auferstehung Ende der Achtzigerjahre. Zu
verdanken hatte er das einem wahren Eröffnungsboom von TexMex-
Bars in dieser Zeit. Zudem gab es ein starke Präsenz von allem Mexikanischem in den Medien durch die Fußball-WM 1986 in Mexiko und
unser Angebot wurde insgesamt internationaler.
TexMex ist – wie der Name sagt – eine Mischung aus texanischer
und mexikanischer Küche, bei der Steaks, Salat und gut den Magen
füllende mexikanische Spezialitäten wie Burritos, Nachos, Tacos,
Guacamole, Jalapeño-Salsa etc. die Hauptrolle spielen. Mark Twain
meinte: »The problem with mexican food is, that three or four days
later you are hungry again« (Das Problem mit mexikanischem Essen
ist, dass man drei oder vier Tage später wieder hungrig ist…).

Passend zu den kulinarischen mexikanischen Genüssen kamen
Tequila und seine Cocktails dazu – und die Margarita war lange Zeit
die einzige Konkurrenz des Szenedrinks Caipirinha. Der mexika-
nische Hochprozenter erfährt seit einigen Jahren wieder deutliches
Interesse, vor allem in seiner edelsten Form, dem Hundert-Prozent-
Agave-Tequila…

Jimador bei der Arbeit in Jalisco.

historie und herstellung

Azteken und Pulque

Mutmaßlich nutzten die Einwohner des heutigen Mexikos die Agave schon vor rund 1000 Jahren. Die harten Dornen am Ende der Blätter dienten als Nadel, mit denen sie Gewänder nähten, die aus den getrockneten Fasern der Pflanze bestanden. Agavenfasern dienten auch als Rohstoff für Taschen, Körbe und andere Transportmittel.

Die Ureinwohner Mexikos waren ursprünglich Nomaden, die sich – ebenso wie die nordamerikanischen Indianer – quer durch das mittelamerikanische Land bewegten und ihre Kultur mitbrachten. Sie bilden die Basis späterer Hochkulturen der Mayas und Azteken. Bereits seit Urzeiten kannten sie die Pulque, jene Tequila- – oder genauer – Mezcal-Basis (denn Tequila ist ein Mezcal), die sie für ein Geschenk der Götter hielten. Dafür gab es verschiedene Erklärungen. Die beiden folgenden Versionen sind die bekanntesten:

Während eines Unwetters schlug der Blitz in eine Agave ein und teilte die Pflanze in exakt zwei Hälften. Die Hitze brachte das Innere, also das Herz, zum Kochen und es blieb eine milchige, honigartige Flüssigkeit übrig, die alsbald zu gären begann.

Damals war es üblich, in einem in die Erde gegrabenen und mit Steinen ausgekleideten »Ofen« Agavenblätter und das Innere der Pflanze zu kochen. Doch es kam ein Unwetter und löschte das Feuer. Die Agaven allerdings begannen in der gefüllten Feuergrube zu gären und unbemerkt entstand als Gabe der Götter ein Gebräu, nämlich die Pulque. In der Nähe der Pyramiden von Teotihuacán nahe Mexico City wird für Tequila-Fans noch heute dieses Verfahren demonstriert.

Mayatempel (oben); Mayastatue (unten links); Denkmal in Mexico City (unten rechts).

Es war damals jedoch nur Priestern erlaubt, den Nektar der Agave mit »Bierstärke« zu genießen. Wenn allerdings jemand aus dem Volk an das »göttliche Getränk« herankam und auch noch davon betrunken wurde, zog dieses Verhalten bei den Azteken unweigerlich die Todesstrafe nach sich.

Zurück zur Pulque: Mit europäischen Gaumen ist sie weniger kompatibel. Doch ihr endgültiges Destillationsergebnis, eben Tequila, hat sich zu einem der wichtigsten Bestandteile der Bars dieser Welt entwickelt. Während das 21. Jahrhundert zahlreiche technologische Möglichkeiten bietet, um den Agaven ihren wertvollen Saft zu entziehen, waren die Methoden zu Zeiten der Azteken ziemlich begrenzt. Allerdings wurden mit diesen einfachen Mitteln schon die Grundsteine für die heutige Produktion gelegt. Damals wurde nach der Ernte der Saft aus den Agavenherzen gewonnen (die Agave ist übrigens kein Kaktus). Das am weitesten verbreitete System erinnert an das Dreschen von Getreide: Die Agavenherzen wurden dieser Prozedur so lange ausgesetzt, bis sie ihren milchigen Saft hergaben.

Irgendwann verloren die Hochkulturen Mittelamerikas den Respekt vor den Göttern und ein durch die Pulque herbeigeführter Rausch führte nicht mehr automatisch zur Todesstrafe. Das alles hatte natürlich noch nicht das Geringste mit Tequila zu tun. Den haben nicht nur die Azteken und deren Nachfahren, sondern, so betrachtet, auch die Götter Mexikos den katholischen Eroberern aus Spanien zu verdanken. Fern der Heimat, ihren schon damals hervorragenden Wein gewohnt, brachten Cortés und seine Eroberertruppen Rebstöcke mit, um ihren Lieblingsalkohol auch in der Fremde produzieren zu können. Doch das Vorhaben ging mehr oder weniger gründlich in die damals modernen Pluderhosen. Denn das Klima der Region und mangelndes Know-how der Anwender brachten kaum trinkbare

Abtransport der Piñas (Agavenherzen) mit dem Lkw.

Weine hervor, was die Spanier schon bald auf die Idee brachte, Schnaps zu brennen. Dieses Handwerk hatten die Europäer von den Mauren gelernt und sie waren nur allzu gerne bereit, ihr Wissen an die einheimischen Azteken weiterzugeben. Nach vielen vergeblichen Versuchen, aus den mehr oder weniger jämmerlichen Weinlese-Ergebnissen Brandy zu destillieren, konzentrierten sich die Eroberer auf »Vino Mezcal«. Der hatte allerdings einen sehr ungewöhnlichen Geschmack, was die Destillation nicht eben einfacher machte. Dennoch: Die Geburtsstunde des Tequilas hatte geschlagen.

Palast in Mexico City

Cortés und seine Eroberungen

Die Spanier kamen im Jahre 1519 nach Mexiko und eroberten – teilweise ohne Gegenwehr, anderenorts dafür umso brutaler – nach und nach das ganze Land vom Golf bis zum Pazifik. Der damalige König Moctezuma empfing Cortés und seine Camarilla äußerst zuvorkommend, was ihm aber wenig nützte, denn er wurde trotzdem gefangen genommen. Diese Aktion brachte dem Eroberer Cortés einigen Ruhm in der Heimat ein. 1521 schließlich eroberte der Spanier eine damals 200.000 Einwohner zählende Stadt namens Tenochtitlan. Die heißt heute Ciudad de Mexico und hat über 25 Millionen Einwohner.

In dieser Zeit waren bei den »oberen Zehntausend« Wein, Brandy und natürlich Rum von den karibischen Inseln, die Cortés und seine Soldaten vorher erobert hatten, en vogue. Allerdings kam irgendwann der Nachschub ins Stocken und das zwang die Conquistadores und ihre Anhänger dazu, für ihre Gelage anderen Schnaps zu akquirieren. Das Ergebnis war eben Mezcal, eine Spirituosengattung, zu der auch der Tequila gehört. Die Pflanze, aus der die Basis für das Destillat gewonnen wurde, nannten die Azteken »Metl«, die Spanier »Maguey«. Dieser Begriff stammt ursprünglich von den Antillen und beschreibt (wie auch Metl) generell alle Agaven. Sie gedeihen in ganz Mexiko und sind die Basis des Mezcal.

Der Qualitätssprung

Die zentralamerikanischen Volksstämme kamen erst relativ spät in den Westen des Landes, also an die Pazifikküste, wo heute der Bundesstaat Jalisco liegt, das aktuelle Zentrum der Tequilaproduktion. Diese Rolle spielt die Region schon lange Zeit.

Dort produzierten die Indianer ihre Pulque nämlich aus der edelsten aller Agavenpflanzen, der *Tequilana Weber* oder der *Blauen Agave*. Damals – etwa um 1530 – lag das Zentrum der Pulqueproduktion in der Gegend um den Ort Santiago de Tequila, der um diese Zeit von Franziskanermönchen gegründet wurde. Allerdings wurde die erste kommerzielle Brennerei erst Mitte des 18. Jahrhunderts in Betrieb genommen. Die Weinerzeugnisse wurden damals »Mezcal Wine« genannt. Diese erste Destillerie hieß »Corralejo«. Im Jahr 1873 gründete dann Don Sauza seine Tequila-Destillerie und um 1875 erreichten über El Paso die ersten Importe des Aztekenbrandes den Süden der Vereinigten Staaten – eine Region übrigens, die zuvor lange Zeit zum mexikanischen Staatsgebiet gehörte.

Qualitätsstufen, wie sie etwa für Whisk(e)y und Cognac schon längst existierten, wurden für Tequila erst in den 1940er Jahren festgezurrt. Die Hauptrolle spielte natürlich Jalisco. Das Anbaugebiet erhielt quasi ein D.O.C.-Siegel. Allerdings wurde dieses Gesetz erst 1974 endgültig verabschiedet. Zunächst war eine Zone von ca. 200 km^2

definiert, die im Laufe der Jahre bis heute auf rund 74.000 km^2 erweitert worden ist, denn die kleinen Gebiete der angrenzenden Staaten Tamaulipan, Michoaca, Guanajuato und Nayarit werden inzwischen ebenfalls dazugerechnet. Aus dem Kerngebiet Jalisco stammen momentan schätzungsweise 90 % der gesamten Tequila-produktion.

Heute überwacht – von der Pflanzung der Agaven über die Produktion bis hin zur Abfüllung – weltweit das CRT (das Consejo Regulador de Tequila A. C.) die Qualität der berühmtesten mittelamerika-nischen Spirituose, um ein konstant hohes Niveau zu garantieren.

Verliebt in Margarita

Wie bei den meisten Cocktails gibt es auch beim berühmtesten, der auf Tequila basiert, mehrere Versionen von seiner Entstehung:

Margarita und Folklore spielen in Mexiko eine wichtige Rolle.

Die erste stammt aus den 3oer bis 4oer Jahren, als ihn ein Barkeeper erfand, der sich in einen seiner weiblichen Gäste namens
»Margarita« verliebt hatte. Die zweite Geschichte handelt von einer
gewissen Margarita, die mit dieser Getränkemischung (Tequila,
Orangenlikör und Zitronensaft) ihren Geburtstag gefeiert hat. Aber
im Endeffekt ist das nebensächlich. Jedenfalls ist es gut, dass es
den Drink gibt, denn er gehört seit mehr als sechzig Jahren zu den
erfolgreichsten der Welt und war vor allem ausschlaggebend für
den gigantischen Erfolg der Tequilas beim Nachbarn USA. Diese
wiederum – oder genauer Hollywood – trugen entscheidend zum
Erfolg des Mexikaners bei, weil er als unverzichtbare »Requisite«
in Wildwestfilmen mit der Zeit immer beliebter wurde. Vor Einfüh-
rung der Qualitätsbezeichnungen und Kontrolle durch die zentrale
Organisation des CRT war dies teilweise eher das, was wir heute als
»Fusel« bezeichnen würden, doch mit den Jahren wurde die Qualität
der Spirituose immer besser und sie entwickelte sich – neben ihren
ausgezeichneten Mixeigenschaften – zu einem veritablen Konkur-
renten von Cognac, Brandy, Whisk(e)y & Co.

Nach der ersten Erfolgswelle in den 1980er Jahren, die den Schlum-
mertrunk der Conquistadores auch in Europa salonfähig machte,
stabilisierte sich das Getränk auf einem guten Niveau, was die
Verkaufszahlen belegen. Tequila rückte jedoch in der Öffentlichkeit
und bei den Barleuten etwas in den Hintergrund, auch bedingt durch
die schreibende Zunft, die sich immer neuen Getränkeabenteuern
widmete. Seit einigen Jahren gibt es – unter anderem durch stärker
angebotene Edelmarken im Bereich der Hundert-Prozent-Agave-
Tequilas – wieder einen deutlichen Schub. Ungebrochen ist der
Siegeszug der Tequilas in den USA. Heute spricht fast der halbe
Süden der Vereinigten Staaten – durch mexikanische und andere
Immigranten Süd- und Mittelamerikas – spanisch. Die mittlerweile
sehr emanzipierten Einwohner pflegen voller Stolz ihren »Hispanic
Lifestyle« und alles, was damit zusammenhängt – natürlich auch

den Genuss von Tequila. Vergleichbar ist das vielleicht mit dem Siegeszug der Pasta aus Italien, die heute bei uns so populär ist.

Eine Menge Brände ...

Etwa 120 Tequila-Destillerien sind heute beim Consejo (CRT) registriert. Sie produzieren über 825 zertifizierte Marken des Agavendestillats (Stand: Juni 2008). Eine zeitlang herrschte Rohstoffknappheit in der Agavenregion und große Konzerne engagierten Security-Unternehmen, um ihre Felder zu bewachen. Allerdings kommt dies, über einen längeren Zyklus betrachtet, immer wieder vor, da die Agavenproduktion generell starken Schwankungen unterliegt. Aktuell gibt es wieder so viele der Edel-Agaven, dass momentan sogar von Preisverfall die Rede ist.

Tequila-Typen

Während sich international zuerst die weißen Tequilas (Blancos, Platas) durchsetzten und später unter der Bezeichnung »Gold« (oder Joven) – in der Tat – golden gefärbte Qualitäten hinzukamen, bedurfte es (und bedarf es noch heute) einiger Erläuterungen der Importeure und Barkeeper hierzulande, was denn im Unterschied dazu Reposados oder gar Añejos sind. Die edelsten der Brände aus Mexiko, die »Extra Añejos«, wurden erst 2005 vom National-

---

* Vorwiegend in den USA wird normaler Tequila auch »Mixto« oder »Mixed« genannt. Dieser Begriff ist seit längerer Zeit in der Diskussion. Das CRT wie auch die meisten Hersteller und Importeure sprechen nur von »Tequila« und »Tequila 100 % Agave«. Wir sind der Meinung, dass niemandem mit der Begrifflichkeitsdiskussion gedient ist und durch sie die als »Mixtos« bezeichneten Tequilas in ein qualitativ schlechtes Licht gerückt werden sollen – was diese keinesfalls verdienen. Ein oder mehrere Blicke ins Internet genügen: dort ist in den meisten Fällen nur noch von »Mixto« (oder »Mixed«, so hauptsächlich in den USA bezeichnet) die Rede. Dennoch möchten wir uns hier der offiziellen Sprachregelung des CRT anschließen, um nicht noch mehr Verwirrung zu stiften.

Komitee mit dieser Bezeichnung in den Handel entlassen (zu den einzelnen Qualitäten siehe S. 35). Außerdem werden Tequilas in Kategorien unterschieden: Zum einen die normalen Tequilas*, zum anderen die Hundert-Prozent-Agave-Tequilas. Beide können sowohl Blancos, Reposados als auch Jovens sein.

Verschiedene Kontrollstufen nach Destillation und Lagerung.

Die Hundert-Prozent-Agave-Destillate sind aus hundertprozentigem Agavenzucker produziert, das heißt der Alkohol ist ausschließlich aus dem Saft der Blauen Agave destilliert. Bei den anderen Tequilas schreibt das Gesetz vor, dass mindestens 51 Prozent Agavenzucker verwendet werden müssen. Der Rest des Alkohols kann aus Zucker-rohr, Getreide und anderen Rohstoffen gewonnen werden.

Die im Holzfass gereiften, edlen Tequilas, also Reposados und Añejos, haben in den vergangenen Jahren einen regelrechten Boom ausgelöst, nicht zuletzt deswegen, weil in dieser Zeit eine Fülle von exklusiven, hierzulande neuen Marken im Handel und in Bars angeboten wurden. Mittlerweile sind sie von vielen Digestiv-Wagen in der gehobenen Gastronomie nicht mehr wegzudenken. Aber auch die weißen, weicheren Hundert-Prozent-Tequilas sind in klassischen Cocktails – wie Margarita – heute ausgesprochen beliebt.

Anteil am Erfolg hat auch die Legende, das heißt nichts anderes als dass viele Genießer nicht nur der Stoff an sich interessiert, sondern auch die Geschichte(n), die dahinterstecken.

exkurs: Tequila und die Kunst

Dieser Zusammenhang hat natürlich in der Heimat des Tequilas eine ganz andere Bedeutung als beim Rest der Welt. Unbestritten ist allerdings, dass der Wildwestfilm aus Hollywood eine ganz entscheidende Rolle bei der Verbreitung des Spirits gespielt hat. Interessanterweise haben die sogenannten Spaghettiwestern Ende der 60er und Anfang der 70er Jahre wesentlich mehr dafür getan als die Traumfabrik am Pazifik selbst. Dort spielte Tequila zunächst nur dann eine entscheidende Rolle, wenn Mexiko im Drehbuch vorkam – etwa bei Grenzgeschichten am Rio Bravo –, ansonsten war der Whiskey ungleich wichtiger. Bekannt ist eine Freundschaft zwischen zwei der Protagonisten geworden: Die zwischen dem Urvater aller Westernhelden, John Wayne, und dem Hause Sauza. Es existiert sogar ein Brief, den der großartige Schauspieler nach Mexiko geschickt hatte, an Francisco Javier Sauza. Darin bedankt sich der Mime bei seinem »dear friend« dafür, dass Tequila eine dominierende Rolle in seinem Haushalt spielt, seit er ihn durch Don Francisco kennengelernt hat. Sogar seine private Telefonnummer übermittelte er Sauza in besagtem Brief.

Auf jeden Fall hat es auch das Kino geschafft, dass der Tequila-verkauf in den USA, vor allem im Westen, sprunghaft in die Höhe geschossen ist. Auch mexikanische Spielfilme sorgten für den Aufschwung, allen voran deren wichtigster Botschafter in der Traumfabrik der späten 40er und frühen 50er Jahre des vergangenen Jahrhunderts: Pedro Armendariz.

Allerdings kam Tequila vor allem in den US-Filmen als Konkurrenz zum Whiskey nur selten gut weg – und das, obwohl die im 18. und 19. Jahrhundert gebrannten Whiskeys noch mehr der Beschreibung Rachenputzer entsprachen als der Sprit der Mexikaner...

Der bekannte Film »Tequila Sunrise«, ein Actionfilm von 1988 mit Mel Gibson, Michelle Pfeiffer und Kurt Russell in den Hauptrollen, trägt zwar das Wort »Tequila« im Namen, allerdings erschließt sich dem Betrachter kein direkter Bezug auf den zweitbekanntesten der Tequila-Drinks. Dafür ist wohl die derzeit berühmteste Tequila-Szene in Quentin Tarantinos Film »From Dusk till Dawn« zu finden – einem Horrorstreifen mit Harvey Keitel und George Clooney in den Hauptrollen.

Auch in der Literatur hat der Mexikaner seine Spuren hinterlassen; die einprägsamsten wohl in Malcolm Lowrys Roman »Unter dem Vulkan«, der auch erfolgreich verfilmt wurde. Tequila und vor allem Mezcal müssen hier die flüssige Basis hergeben für den Alkoholismus des ehemaligen britischen Konsuls Geoffrey Firmin, der durch ihn immer mehr in die Isolation gerät. Der Roman gilt als einer der größten des Genres und in vielen Bars wird ein Cocktail angeboten, der den Namen des Schriftstellers trägt: Malcolm Lowry. Seine Spirituosenbasis: Mezcal…

Robuster, aber komplizierter Rohstoff

Im Gegensatz zu Whisk(e)y, Wodka und Gin, die aus Getreide produziert werden, und Rum (Zuckerrohr) oder Brandy und Cognac (Wein) ist die Basis des Tequilas die Agave (genauer: die Blaue Weberagave, spanisch Maguey Azul). Diese muss allerdings acht bis zwölf Jahre bis zur Ernte reifen, danach kann kontinuierlich geerntet werden. Die Pflanze ist sehr robust und verdankt dies den extremen Klimabedingungen, denen sie ausgesetzt ist: Von +3 °C bis zu +47 °C reicht das Spektrum, das die Weberagave aushalten muss – und aushält. Die besten Ergebnisse werden im mexikanischen Hochland erreicht, auf einer Höhe zwischen 800 und 2.500 Metern.

Die Erträge hängen zum einen von der Bodenqualität ab, zum anderen von der Arbeitsweise der Hersteller. Ernten zwischen rund 30.000 und 200.000 kg pro Hektar sind in der Regel möglich.

Die Ernte

Da geht es verhältnismäßig rau zu: Die Jimadores (erfahrene Agaven-Erntespezialisten) trennen zuerst die Agave von der Wurzel, schneiden (»rasieren«) die Blätter der Pflanze ab, sodass nur das Herz derselben übrig bleibt. Das Werkzeug dafür heißt »Coa del Jima« und ist ein langstieliges Messer mit einer sichelförmigen, rasierklingenscharfen Schneide. Dieses Herz der Pflanze sieht aus wie eine Ananas (daher der Name »piña«) und wiegt zwischen 20 und 60 kg, manche haben sogar ein Gewicht von bis zu 100 kg!

Entscheidend für die Qualität ist der Zeitpunkt, an dem diese Prozedur stattfindet: Nicht zu früh, sonst hat die Pflanze noch nicht

genügend Zucker angereichert, nicht zu spät, denn bei Überreife wird er schon wieder abgebaut und das spätere Destillat schmeckt bitter.

Es war ein Deutscher, der maßgeblichen Einfluss auf die Kultivierung der Agave hatte, die noch heute seinen Namen trägt: Der Botaniker Franz Weber war 1896 nach Mexiko ausgewandert und begann schon kurze Zeit später mit dem Studium der Pflanze. 1905 bestimmte er die verschiedenen Sorten, von denen es in Mexiko über 200 gibt. Die Tequilana Weber ist lediglich eine, aber die einzige, die offiziell für die Tequila-Produktion zugelassen wurde. Sie wächst hauptsächlich im Bundesstaat Jalisco, das Städtchen Tequila ist für das Agavendestillat der Namensgeber, während die Hauptstadt Guadalajara die Metropole des Tequilas ist.

Echte Knochenarbeit: Agavenernte in Mexiko.

Setzlinge der Agave (»hijuelos«)

Die Aufzucht

Wenn die Pflanze nach der Aussaat ein Alter von etwa drei Jahren erreicht hat, produziert sie sechs bis zehn »Baby-Agaven« (»hijuelos«); von diesen werden nur die kräftigsten ausgewählt und, wenn sie etwa ein Jahr alt sind, als Ableger abgenommen. Die Aufzucht funktioniert bis zu einem Alter von sechs Jahren, erst danach sind die Babys zu schwach, um wieder eingepflanzt zu werden. Normalerweise wird der Nachwuchs im Frühjahr von der »Mutter« getrennt und Ende April bis Mitte Mai wieder eingepflanzt – in einem Abstand von ein bis zwei Metern. Das ist genug Platz für die Pflanze, um ein optimales Wachstum zu erreichen. Auch bei dieser Selektion hat der Jimador die Hand im Spiel. Im Verlauf ihres acht- bis zwölfjährigen Lebens wird die Weberagave unter seiner Obhut gehegt und gepflegt, um am Ende ein optimales Qualitätsergebnis für die Tequila-Produktion zu erreichen. Das Wissen und die Professionalität der Jimadores werden übrigens innerhalb der Familien quasi vererbt.

Produktion

In der Brennerei werden die angelieferten Agavenherzen grob zer-
teilt und anschließend gegart. Das kann in zwei verschiedenen Ge-
räten geschehen: Entweder in großen, gemauerten Öfen (»Hornos«)
über einige Tage oder innerhalb von ca. zwölf bis zu 24 Stunden in
der modernen Alternative des »Autoclave«, einem Druckgarer, in
dem die Piñas weich werden. Dabei werden Polysacharide in Ein-
fachzucker umgewandelt. Die Zeit muss immer wieder kontrolliert
werden, denn wenn dieser Prozess zu lange dauert, können Ne-
benprodukte entstehen, die den Geschmack des späteren Tequilas
negativ beeinträchtigen. Auch das Auskühlen der Öfen dauert sehr
lange.

Steinerne Räder werden noch heute benutzt, um den Saft herauszupressen
(rechts). Vorher werden die Agaven (hier mit einer Axt) zerkleinert (links).

Anschließend werden die Agaven weiter zerkleinert und der Saft herausgepresst – viele der kleinen Betriebe benutzen dazu noch heute alte, steinerne Räder, die von Eseln, Mulis, Ochsen oder – moderner – Motoren angetrieben werden. Mit diesem Saft wird die Maische angesetzt. Jetzt entscheidet der Brennmeister, ob ein Hundert-Prozent-Agave-Tequila oder ein »normaler Tequila« hergestellt werden soll. Bei Ersterem wandert der ausgepresste Saft direkt in den Gärbottich, bei Letzterem wird dieser Saft mit anderen Zuckerlieferanten vermischt und vergoren (51 Prozent des Zuckergehalts müssen aus dem Saft der Blauen Agave stammen). Für diesen Prozess verwenden die Tequila-Hersteller hölzerne Bottiche oder Edelstahltanks. Die zur Vergärung nötigen Hefen sind einerseits Zucht, andererseits natürliche Hefen, die zuhauf in den Pflanzen vorkommen. Allerdings werden heute auch von manchen Brennereien Trockenhefen verwendet.

Die Fermentation läuft bei kontrollierter Temperatur ab, denn bei mehr als 35 °C sterben die Hefen ab. Normalerweise dauert es 18 Stunden bis mehrere Tage, bis die vergorene Maische der Des-

tillation zugeführt werden kann. Der Alkoholgehalt beträgt zu diesem Zeitpunkt zwischen vier und neun Prozent, je nach Hersteller. Einige von ihnen fügen die Fasern, die nach dem Auspressen übrig bleiben, bei der Fermentation hinzu, um die Aromen zu verstärken.

Destillation

Für die Destillation werden das kontinuierliche System (Säulendestillation oder Column-Still) wie auch das klassische Pot-Still-Alambique-Verfahren (diskontinuierlich) angewendet, Letzteres wesentlich häufiger, vor allem für die erstklassigen Tequilas. Dabei werden in der ersten Destillation (»ordinario«) zunächst »Kopf« und »Schwanz« abgetrennt und der mittlere Teil direkt der zweiten Destillation zugeführt. Der Kopf wird mit dem nächsten Ansatz nochmals destilliert, denn er enthält noch Aromastoffe. In der zweiten Brennstufe werden Vor- und Nachlauf vom Mittellauf, dem sogenannten Herz, getrennt. Das Ergebnis ist eine wasserklare Flüssigkeit mit einem Alkoholgrad von 40 bis 55 Prozent.

Tequilaproduktion Schritt für Schritt

Wenn dieser Alkohol dann unmittelbar nach der Filtration in
Flaschen abgefüllt wird, heißt er »Blanco«, »Silver« oder »Plata«.
Danach gibt es noch eine weitere Qualität: die »Golden« oder
»Joven« Tequilas. Sie werden in der Regel mit Zuckerkulör gefärbt,
was erlaubt ist, und erhalten so eine leicht goldbraune Tönung.

Lagerung und Reifung

Neben diesen jungen Tequilasorten gibt es noch drei weitere, die
ihre Bezeichnungen und ihren Geschmack von der Lagerung in
Holzfässern haben. Dazu zählen die bei uns schon lange bekannten
Reposados. Das heißt übersetzt »die Ausgeruhten« und in der Tat
haben diese Produkte mindestens zwei Monate in 200-, maximal
700-Liter-Fässern »geruht« und so eine strohgelbe Farbe erhalten,
die typisch für diese Gattung ist. Reposados bieten nahezu alle
Destillerien an.

Noch länger im Fass sind die *Añejos* und seit kurzer Zeit ebenfalls in
Deutschland zu haben die Extra Añejos. Bei ersteren ist die Alterung
in Eichenfässern vorgeschrieben, die eine Kapazität von 600 Litern
nicht überschreiten dürfen. Dort reifen sie mindestens ein Jahr.
Normalerweise wurden die Fässer schon einmal benutzt, meistens
für Bourbon. Es gibt aber auch Fässer aus slowenischer Eiche sowie
ehemalige Cognac-Fässer aus französischer Eiche. Die Reifezeit
beträgt in der Regel ein bis drei Jahre. Añejos haben eine dunklere
Farbe als Reposados und ihr Aroma ist wesentlich komplexer.

Extra Añejos, die neueste Tequila-Klassifikation, gibt es erst
seit knapp drei Jahren. Sie haben mindestens drei Jahre im Fass
(ebenfalls 600 Liter) auf dem Buckel. Durch stärkeres Ankohlen der
Fassinnenseite werden sie dunkler und gewinnen kräftige Vanille-
sowie Karamelltöne, die für diese Tequilas typisch sind.

Terroir

Boden, Klimaverhältnisse, vor allem Mikroklimata und andere naturgegebene Bedingungen werden in der Weinwelt seit langer Zeit mit dem Begriff »Terroir« umschrieben – und was den Winzern der Welt recht ist, ist den Tequila-Produzenten schon lange billig. Auch in Mexiko spricht man von »Terroir«.

Die beiden wichtigsten Regionen, in denen Tequila hergestellt wird, sind Jalisco (Bundesstaat im Westen von Mexico City bis zum Pazifik) und Tamaulipas (im Norden, am Golf von Mexiko liegend und bis direkt an die texanische Grenze reichend). Jalisco dehnt sich von Nayarit im Norden über Michoacan bis Guanajuato im Westen. Der Nabel der Tequilawelt ist allerdings Jalisco.

Um aber genau zu sein: Die Spirituosengattung, zu der Tequila gehört, ist Mezcal. Genauer: Mezcal ist der Name, den die Azteken der Agave gegeben haben, und daraus folgte, dass dies der Grundbegriff für alle Spirituosen wurde, die den Saft der Agave als Rohstoff haben. Die – nennen wir es Basis-Spirituose – kam (und kommt überwiegend auch heute noch) aus der Gegend um die Stadt Oaxaca im Süden des Landes. Im Gegensatz zu Tequila wurde Mezcal früher lediglich einmal gebrannt. Heute durchläuft er ebenso wie Tequila eine zweistufige Destillation. Ein gravierender Unterschied besteht allerdings darin, dass der oft als Rachenputzer daherkommende Schnaps aus jeder Agavenart produziert werden darf.

Berühmt wurde Mezcal vor allem deswegen, weil in den Anfängen der TexMex-Welle in der Flasche eine Larve schwamm, die in den einschlägigen Kneipen zu den wüstesten Spekulationen führte. Doch das ist eine andere Geschichte, auf die wir noch zurückkommen werden. Sie ändert aber nichts an der Tatsache, dass die Qualität des Mezcals ebenso vom »Terroir« abhängig ist wie die seines edlen Bruders.

Hochland und Tiefland

Agavenzüchter und Tequila-Produzenten unterscheiden zwischen zwei Regionen, dem Tiefland – dort liegen auch viele der großen Produktionsstätten, etwa Tequila und Amatitan – und dem Hochland. Hier befinden sich z. B. Arandas und Tepatitlan, um nur zwei Beispiele zu nennen. In dieser Region, also in »Los Altos«, begann die kommerzielle Aufzucht der Agaven erst viel später als rund um Tequila selbst – etwa Mitte des 19. Jahrhunderts. Im Tiefland sind etwa doppelt so viele Agaven gepflanzt wie in Los Altos. Die Temperaturunterschiede sind zwischen den Regionen trotz zum Teil erheblicher Höhendifferenzen (ca. 800 bis 2.500 m über dem Meeresspiegel) gering, die Schwankungen zwischen Tag und Nacht dafür umso stärker. Die Böden jedoch unterscheiden sich gravierend: Während »unten« schwarzer vulkanischer Boden vorherrscht, hat er »oben« eine tiefe metallisch-rote Farbe. Dieses Material wirkt sich sowohl auf die Qualität als auch auf den Preis des Rohstoffes aus. Die Agaven aus Los Altos beispielsweise wachsen langsamer und sind aufgrund ihrer Anbauhöhe der Sonne stärker ausgesetzt.

Jimadores bei der Pause (links) und bei der Arbeit (rechts)

exkurs: Der Wurm im Schnaps

Als die Auswahl der mexikanischen Nationalspirituosen in den Bars immer größer wurde, kamen in der Folge auch Mezcals ins Land. Am spektakulärsten waren die Marken mit dem Wurm am Boden der Flasche, bei dem es sich eigentlich nicht um einen solchen handelte, sondern um die Larve eines Schmetterlings, der in der Agave lebt. Erklärungen dafür gab es viele, z. B. dass Mezcal früher – im Gegensatz zu Tequila – nur einmal destilliert wurde, was unerwünschte Fuselalkohole in die Flasche geraten ließ. Diese zersetzten die Larve und daran konnten die Konsumenten erkennen, dass der Stoff nicht sauber war, also kauften sie ihn nicht. Das ist natürlich ein Gerücht, genau wie jene Story, dass das konservierte Insekt Meskalin anreichern würde (Meskalin, ein Rauschgift, komme von Mezcal, glaubten viele) – ebensolch ein Unsinn. Jedenfalls war es lange Usus in vielen Bars, dass demjenigen Gast, der den letzten Rest aus der Flasche orderte und bekam, der Wurm zustand. Der wurde dann in einem Stück heruntergeschluckt – wer's mag...

Auch ein spezieller Drink machte damals die Runde, der berühmte Mezcal-Slammer. Dazu wurde ein Shotglas (siehe Titelbild) zu zwei Dritteln mit Mezcal gefüllt, zu einem Drittel mit Champagner. Mit einem Bierdeckel oder Stoffserviette zugedeckt, knallte man das Glas auf den Tisch und kippte den aufschäumenden Drink in einem Schluck hinunter. Das funktionierte natürlich auch mit Tequila – die Franzosen nannten das dann »Tequila-Boum-Boum«.

Vieles davon hatte natürlich meistens mit Marketing zu tun...

Genuss

In Drinks ist bei manchen Tequilasorten Vorsicht geboten, denn
der »göttliche Nektar« der Azteken hat einen massiven Eigenge-
schmack, dem nicht jeder Mixbegeisterte gewachsen ist. Da haben
die Hundert-Prozenter (meistens) den Vorteil, da sie wesentlich wei-
cher und milder im Geschmack sind, als viele »normale« Tequilas.

Wer edle Spirituosen lieber pur trinkt als im Cocktail oder genauso
gerne, der ist bei den Hundert-Prozent-Agave-Tequilas genau richtig. Die beste Trinktemperatur für Tequila bewegt sich um die 18 °C
– also Raumtemperatur und nicht aus dem Kühlfach.

Auch in die Boston Shaker oder Rührgläser der Barkeeper kommen
inzwischen immer mehr hochwertige Tequilas. Jedenfalls bestä-
tigen das die Chefs der Spitzen-Bars in zunehmendem Maße. Da
gibt es nur ein kleines Problem: Die Margarita, der berühmteste
Tequila-Cocktail, kostet dann erheblich mehr und das ist ziemlich
erklärungsbedürftig – aber damit sollte ein guter Barkeeper keine
Probleme haben.

Es gibt noch einen gesetzlich geregelten Unterschied zwischen den einzelnen Qualitäten und Stufen der mexikanischsten aller Spirituosen, der jedoch weder auf die tatsächliche Qualität noch auf den Tequila selbst Einfluss hat: Hundert-Prozent-Agave-Tequilas dürfen nur in Mexiko in die Flasche »wandern«. Alle anderen können in Tanks in andere Länder, z. B. in die großen Abfüllbetriebe der USA transportiert und dort abgefüllt werden.

Wer macht die Musik?

Die Karriere des Tequilas von seinen Anfängen in den Sechzigern über das Ritual in den Achtzigern bis zum Bargenuss heute entspricht ziemlich exakt der Verfügbarkeit dieser Spirituose im Handel von damals bis heute. Pionier war (wie übrigens auch beim Cachaça) ein gewisser Anton Riemerschmid, der mit seiner Marke »Silla« den Agavenstoff bekannt gemacht hat. Viel Verdienst um den Mexikaner erwarb sich außerdem das Hamburger Spirituosen-Importhaus Borco, dessen Marke Sierra hierzulande derzeit mit weitem Abstand Erste am Markt ist. Bei unseren österreichischen Nachbarn sieht

das nicht wesentlich anders aus – auch dort ist Sierra momentan Branchenprimus, gefolgt von Olmeca, der zum Spirituosenjumbo Pernod-Ricard gehört, dann Sauza und José Cuervo. In der Schweiz ist Sierra ebenfalls vor José Cuervo und Montezuma platziert.

In den 1960er und 1970er Jahren war es vor allem den in Deutschland stationierten Amerikanern zu verdanken, dass Tequila in den Bars immer mehr gefragt wurde. Anton Riemerschmid rollte die Tequilaszene quasi vom Firmensitz München und Bayern aus auf – mit seiner Marke Silla. Mindestens genauso stark positionierte sich Sierra Tequila, der schon bald aus keiner Bar mehr wegzudenken war, nicht nur weil die charakteristischen Flaschen ein Sombrero auf dem Verschluss ziert. Dem Wiedererkennungswert der Marke war das – und ist es heute noch – sehr zuträglich. Sierra ist in Deutschland unumstrittener Marktführer in dieser Spirituosengattung.

Doch auch die anderen Mexikaner mischten im Konzert der Großen ganz gut mit: Weltmarktführer José Cuervo etwa, Sauza und Herradura. Schon Mitte bis Ende der Achtzigerjahre wurden die ersten Hundert-Prozent-Agave-Tequilas angeboten, obwohl damals noch kein Mensch etwas damit anfangen konnte. Heute findet man Hundert-Prozenter überall in den Bars und Spezialitätenregalen, tragen sie doch entscheidend dazu bei, dass der Agavenbrand immer mehr als äußerst komplexe Spirituose wahrgenommen wird.

Die Zahl der alteingesessenen Spitzen-Destillerien ist in Mexico unglaublich groß – mindestens ebenso groß wie deren Tradition. Meistens sind es (auch bei einigen Jumbos) immer noch Familienbetriebe, die für gleichbleibende Qualität und Zuverlässigkeit bürgen. Eine kleine Übersicht bietet die Auswahl des folgenden Kapitels.

destillerien

Natürlich würde es den Rahmen dieses Buches sprengen, alle NOM-Destillerien vorzustellen; auch die Auswahl kann nur subjektiv sein – und nachdem das Jahr 2008 in Deutschland für den »göttlichen Trunk« der Azteken wichtig wurde, gehen wir davon aus, dass noch weitere Brennereien mit ihren Marken den Weg an die deutschen Bars und in den Spirituosenhandel finden werden.

Grundsätzlich wird es möglich sein, die angegebenen Destillerien zu besichtigen – die meisten sind mittlerweile mit Besucherzentren ausgestattet. Ein Anruf dürfte meistens genügen und die englische Sprache ist in Mexiko – bis auf entlegene Gebiete – verbreitet.

Die Bedeutung des NOM und DOT

NOM heißt »Normas Oficial Mexicana«. Diese wurden von der mexikanischen Regierung aufgestellt und nahezu alle Destillerien im Land haben eine NOM-Nummer; das zeigt, dass sie sich bei der Produktion ihrer Spirituose an die festgelegten Standards halten. Das ist zwar noch keine Aussage über die Qualität des Flascheninhalts, gewährleistet aber, dass auch wirklich Tequila drin ist, wo Tequila draufsteht. Alle Hundert-Prozenter müssen eine NOM-Nummer haben. Ungefähr 120 zertifizierte Destillerien produzieren derzeit 825 verschiedene Tequila-Qualitäten, respektive Marken.

Eine weitere Klassifizierung ist DOT, »Denomination of Origin of Tequila«; 1974 gab die mexikanische Regierung diese Deklaration zum Schutz der »Appelation of Origin Tequila« heraus.

Kontrolliert wird die Einhaltung der Richtlinien vom CRT (Consejo Regulador de Tequila). Heute hat das Consejo in jeder Destillerie ein eigenes Büro, um laufend den kompletten Prozess von der Herstellung bis zum fertigen Produkt überwachen zu können.

Oben: Agavenfelder bei Cuervo, unten: Destillation früher und heute

Tequila Corralejo

Tequila Corralejo S.A. de C.V.
Ejercito Nacional 373 desp. 202–A, Col. Granada
C.P. 11520. Miguel Hidalgo, Distrito Federal
Tel.: ++ 52 / 1 / 55 58 77 02 03

Corralejo ist so etwas wie ein Newcomer. Diese Tequilamarke
verstärkt in jüngster Zeit das Renommee der Hundert-Prozenter.
Corralejo ist eine der wenigen Haziendas mit Premium Tequilas, die
nicht in Jalisco beheimatet sind, sondern in der Nachbar-Region.
Eine Besonderheit dieses Tequilas ist seine Lagerung in franzö-
sischen Limousin-Eichenfässern, die ihm zusätzlich besonderen
Charakter verleihen. Die Hazienda wird – wie eine ganze Reihe
anderer Spitzenbrennereien – in Deutschland von einem jungen
Unternehmen vertreten, Sierra Madre, das sich ausschließlich auf
den Vertrieb von Hundert-Prozent-Agave-Tequilas spezialisiert hat.

José Cuervo

Casa Cuervo, S.A. de C.V.
Rio Churubusco 213, Col Granjas
C.P. 08400 Iztacalco, Distrito Federal
Tel.: ++ 52 / 3 / 134 33 00
www.cuervo.com

Diese Destillerie ist durch ihre starke Präsenz in den USA Weltmarktführer und hat auch die bekannteste Tequilamarke, die
existiert. 1758 gründeten Don José Antonio Cuervo und seine Familie
das gleichnamige Unternehmen in Jalisco. Es sollte allerdings noch
rund 40 Jahre dauern, bis König Karl IV. den Cuervos die Lizenz,
Tequila herzustellen, erteilte. Die Destillerie *La Rojeña*, in der noch
heute produziert wird, wurde erst 1812 gegründet. Es handelt sich
bei ihr um die älteste Schnapsbrennerei Lateinamerikas. Von hier
aus startete Cuervo seinen Erfolg mit dem mexikanischen National-
getränk – zuerst natürlich in seinem Heimatland. Jalisco war bald der
Inbegriff für die Herstellung edler Spirituosen, nicht nur in Mexiko.
Das Wahrzeichen des Unternehmens – eine Krähe (»cuervo« heißt
aus dem Spanischen übersetzt »Krähe«) – war die Idee José Cuervos
selbst, er ließ sie auf jedes Fass drucken. Ebenso schnell wie Cuervo
größer wurde wuchs der Ruhm seiner Produkte zunächst in den
USA, später auch in Europa und Asien. Der eigentliche Aufschwung
allerdings begann erst so richtig in den Siebzigern. Heute ist Cuervo
in den USA populärer denn je. Importeur Diageo liefert neben den
berühmten *Blanco* und *Especial* auch die Sondereditionen *Cuervo
Black* sowie *Cuervo Tradicional* und vor allem den zum 200. Geburtstag des Unternehmens aus der Taufe gehobenen *Cuervo Reserva de
la Familia*. Der Hundert-Prozenter Cuervo 1800 hat sich mittlerweile
verselbstständigt und wird unter der Marke 1800 *Añejo* vertrieben.

Don Julio

Tequila Don Julio, S.A. de C.V.
Porfirio Diaz No. 17, El Chicimeco
C.P. 47750 Atotonilco el Alto Jalisco

Der Edeltequila Don Julio gehört heute dem internationalen Konzern Diageo plc., London. Die Brennerei wurde erst 1942 von Don Julio González Estrada gegründet. Die Qualität dieser Marke ist nicht zuletzt auf das Anbaugebiet im Hochland von Jalisco zurückzuführen, aus dem der Rohstoff kommt. Hier werden die Agaven geerntet und per Pferd oder Esel sowie per Lastwagen zur Weiterverarbeitung in die Destillerie gebracht. Pro Destillationsprozess brennen die Experten nur kleine Mengen, um die Qualität möglichst hoch zu halten. In Deutschland sind von mehreren Versionen vor allem der *Añejo* (18 Monate im Holzfass) und der *Reposado* (acht Monate gelagert) wichtige Tequilas im Premium-Bereich.

Esperanto

Sierra Madre Trend Food GmbH
Rohrstr. 15
58093 Hagen
Tel.: ++ 49 / 23 31 / 37 75 60
Fax: ++ 49 / 23 31 / 377 56 30
www.sierra-madre.de

Beim *Esperanto* entspricht die aufwendig designte Flasche der Qualität ihres Inhalts. Neben *Esperanto* liest sich die Markenliste des Unternehmens Sierra Madre Trend Food GmbH wie das Who-is-Who der Hundert-Prozent-Agave-Tequilas. Neben der Tequilamarke *Aha Toro*, importiert der Fachhändler auch den Tequila *Corralejo* (siehe Seite 48). Die spektakuläre Flasche von *Aha Toro* wird zwar nicht von allen Barkeepern gleich geliebt. Der Inhalt allerdings ist über jeden Qualitätszweifel erhaben.

Herradura Tequila

Brown-Forman Tequila Mexico, S. de R. L. de C. V.
Comercio 172–1, Mexicaltzingo
C.P. 44180 Guadalajara, Jalisco
Tel.: ++52 / 1 / 37 47 42 17 72
www.herraduratequila.com

Die Casa Herradura wurde in Amatitlan, etwa 30 bis 40 km von der
Hauptstadt Jaliscos, Guadalajara, entfernt, gegründet. Seit dem
Jahr 1870 steht die Marke für höchste Qualität. Wer die »Hacienda
San José de Refugio« besucht – und das ist sehr empfehlenswert
– glaubt, dass hier die Zeit stillsteht. Natürlich sind die Produkti-
onsbedingungen höchst modern. Herradura produziert unter dieser
Marke ausschließlich Hundert-Prozenter: Blanco, Reposado (dazu
den *Antiguo Reposado*, eine Wiederauflage des Klassikers von
1924), selbstverständlich den *Añejo* und den *Selección Suprema*,
eine limitierte Auflage des Añejos, der fünf Jahre in Eichenfässern
gelagert wurde. Den »normalen« Tequila vertreibt Herradura unter
der Marke *El Jimador*.

Milagro Tequila

Tequilera Milagro S.A de C.V.
Calle Bajio S / N Km 2 Camino Tepatitlán a San José
de Gracia, Col. de Carmen
C.P. 47690 Tepatitlán de Morelos, Jalisco
Tel.: ++ 52 / 3 / 787 82 43 13
www.milagrotequila.com

Die Brennerei wurde erst 1997 von den beiden mexikanischen
Unternehmern Moisis Guindi und Daniel Schneeweiss gegründet
– mit dem Ziel, einen der besten Tequilas der Welt zu produzieren. Natürlich ist das Ergebnis eines solchen Vorhabens immer
Geschmackssache. *Milagro* ist ein Hundert-Prozenter, der dreimal
destilliert wird und zum Teil in Weißeiche reift (30 Prozent des
Unternehmens gehören mittlerweile den Schotten William Grant
& Sons, die durch ihre Malt Whiskys *Glenfiddich* und *The Balvenie*
sowie den Gin *Hendrick's* legendären Ruf genießen). Der deutsche
Markt bietet derzeit drei Qualitäten: Silver, Reposado (sechs Monate
in Eichenfässern) und Añejo (18 Monate in Eichenfässern).

Sauza

Tequila Sauza S.A. de C.V.
Avenida Vallarta 6503, Col. Ciudad Granja
C.P. 45010, Guadalajara, Jalisco
Tel.: ++ 52 / 3 / 679 06 00
www.sauzatequila.com

Als 1873 ein gewisser Don Genobio Sauza eine Destillerie (sie hieß
»Antigua Cruz«) kaufte und damit begann, die dort wachsende
Agave zu einem Drink zu verarbeiten, den er »Mezcal wine« nannte
(oder »Vino de Mezcal«), ahnte noch niemand, dass er der Erste
sein würde, der diesen Tequila wenig später in die USA exportierte
und damit eine Erfolgsgeschichte ohnegleichen einleitete. Für den
Export zum in diesen Dingen noch heute besonders strengen Nachbarn waren außerordentliche Qualitätskriterien einzuhalten. 1906
übernahm der Sohn des Don Genobio, Eldio, die Brennerei. Er führte
– neben Verbesserungen im Herstellungsprozess – die berühmten
Tequilas *Gold* und *Blanco* ein. Heute ist Sauza der beliebteste
Tequila Mexikos und nach Cuervo die Nummer zwei der Welt. Neben
den Tequilas *Silver* (ein Blanco), *Extra* (ein Joven Abocado) und
Conmemorativo (Añejo) vertreibt die Destillerie noch den *Hornitos*,
einen der ersten Hundert-Prozenter (ein Reposado und heute auch
ein Añejo), die in Deutschland zu haben waren. Eine weitere, besonders exklusive Marke, *Tres Generaciones*, wird ebenfalls von Sauza
hergestellt und vertrieben.

Sierra Tequila

Destilerías Sierra Unidas S.A. de C.V.
Puerto Altata 1131 – 2, Col. Circunvalacion Belisario
C.P. 44330 Guadalajara, Jalisco,
Tel.: ++ 52 / 3 / 336 37 84 84
www.sierratequila.com

Sierra – der europäische Marktführer für Tequila – ist dank der
offensiven und langjährigen Marketingstrategie des Hamburger
Importeurs Borco, der auch Besitzer der Destilería Sierra in Guadalajara ist, eine der erfolgreichsten Spirituosen. Das Markenzeichen,
ein Sombrero auf dem Flaschenverschluss, steht hierzulande für
viele Verbraucher und Bargäste quasi als Wahrzeichen für die
Alkoholgattung Tequila und ist so schon auf den ersten Blick zuzu-
ordnen.

Die Destilerías Sierra Unidas wurden Ende der Siebziger Jahre auf dem Gelände einer mehr als 200 Jahre alten Hazienda errichtet – im Herzen der Provinz-Kapitale des Bundesstaates Jalisco, Guadalajara. Das familiengeführte Unternehmen ist in der Region einer der großen und wichtigen Arbeitgeber: Alleine in der Destillerie arbeiten 125 Mitarbeiter, auf den Agavenfeldern mehr als 200 Jimadores – viele von ihnen schon in der dritten Generation. Sierra gehört heute einem der wichtigsten Spirituosenhäuser in der Bundesrepublik: der Borco Marken-Import GmbH & Co.KG, die im Besitz der Hamburger Familie Matthiesen ist, einem der noch wenigen unabhängigen deutschen Traditionsunternehmen.

Die Karriere von Rodolfo Gonzalez, der Master Distiller von Sierra – mittlerweile in der dritten Generation, worauf er sehr stolz ist – war schon vorgezeichnet, als er ein Kind war. Sein Vorbild ist sein Großvater. Heute ist er zudem Geschäftsführer der Destilería.

Man kann sogar sagen, dass die Philosophie, die hinter der Marke Sierra steht, durch Rodolfo Gonzales Arbeit verkörpert wird. Denn das Erlernen dieses komplizierten Geschäfts in der Familientradition und der Wille, wie seine Vorfahren hervorragende Tequilas zu produzieren, war sicherlich einer der wichtigsten Bausteine des Welterfolgs der Marke Sierra.

Dazu gehören nicht nur die Auswahl und Aufzucht der besten Agaven aus dem Hochland Jaliscos, sondern auch die ideale Kombina-
tion aus modernster Technik und Tradition.

Rodolfo Gonzales hebt die Bedeutung der Agavenfelder für die Arbeit der Jimadores hervor: »Auch für die besten Köche in der besten
Küche sind die Zutaten entscheidend für ein perfektes Ergebnis.«

Neben den schon seit Jahrzehnten bekannten und erfolgreichen
Sierra-Tequilamarken kam das Unternehmen im Herbst 2007 mit
zwei Hundert-Prozent-Agave-Tequilas auf den Markt: *Milenario
Blanco* und *Milenario Extra Añejo*. Im Herbst 2008 wurde das feh-
lende Glied der Hundert-Prozent-Serie präsentiert, der Reposado.

Viele der Auszeichnungen aus jüngster Zeit sprechen für sich: 2008
wurde *Sierra Reposado* bei der »International Wine and Spirits Competition« in London zum Testsieger »Best in Class« gekürt, auf der
»Premio Mayahuel« in Mexico City als »Best Reposado in Mexico«.
Im selben Wettbewerb belegte *Sierra Antiguo* in seinem Heimatland
den Platz des »2nd Best Tequila Añejo«. Bei der »Tequila Challenge
Drinks International« in London gewann *Sierra Milenari*o 2008 die
»Trophy«, für den *Sierra Tequila Silver* und *Milenario Extra Añejo*
gab es dort »Gold«.

Partida Tequila

Familia Partida S. A. de C. V.
Lázaro Cárdenas 26 Col. Jardines de la Cruz
C. P. 45380 Amatitan, Jalisco
Tel.: ++ 52 / 1 / 37 47 45 09 57
www.partidatequila.com

Partida dürfte im Moment einer der erklärten Lieblinge vor allem
der Kalifornier und Texaner sein, denn hier funktioniert das
Distributionsnetz reibungslos. Hierzulande ist Partida zwar mittlerweile auch zu bekommen, aber die Interessenten müssen etwas
mehr suchen – wenigstens so lange, bis der Aztekenbrand von
einem großen Importeur herangeschafft wird. Das wäre spannend,
denn auf der Spirits Competition 2008 in San Francisco hat Partida
Medaillen im großen Stil abkassiert.
Derzeit destilliert die Brennerei vier Hundert-Prozent-Agave-Tequilas (*Blanco*, *Reposado*, *Añejo* und *Extra Añejo*). Allerdings gilt auch
hier: Direkte Schnäppchen sind sie nicht.

Tequila Porfidio

Tequila Porfidio S. A. de C. V.
Carretera Vallarta-Tepic Km.12
C. P. 48300 Puerto Vallarta
Tel.: ++ 52 / 3 / 221 25 43 und 221 25 45
www.tequilaporfidio.com

Porfidio Tequila wurde erst 1967 gegründet – und zwar nicht von
einem Mexikaner, sondern von einem Österreicher – einem gewissen Martin Grassl. Die Firma heißt zwar Destilería Porfidio, jedoch
befand sich dort keine Brennerei, sondern lediglich die Verwaltung.
Gebrannt wurde der Stoff in anderen Brennereien. 1998 eröffnete
Grassl eine eigene Destillerie in Puerto Vallarta. Neben dem Tequila
Plata (Blanco) bietet Porfidio *Reposado* und *Añejo*, daneben noch
ein paar limitierte Abfüllungen aus Single Barrels, die richtig Geld
kosten.

arriba mexico...

Reisetipps

Mexiko ist ein faszinierendes Reiseland mit außerordentlich gast-
freundlichen Menschen, besonders wenn man Europäer ist. Die
beeindruckenden Bauwerke aus den Hochkulturen der Mayas und
Azteken sowie die unterschiedlichen Landschaften, die man sonst
nur durch das Bereisen vieler Länder findet, machen das Land zu
einem besonderen Reiseziel. Die Destination bietet alles: Von rauen
Bergen über das Hochland, Wüsten und Regenwälder – und nicht zu
vergessen die Küstengebiete mit herrlichen Stränden.
Leider führt jedoch die Schere zwischen Arm und Reich in Mexiko
u. a. zu einer hohen Kriminalitätsrate. Wer das Land besucht, sollte
daher die Sicherheitshinweise der Reisebüros und des Auswärtigen
Amtes berücksichtigen. Das gilt nicht nur für Mexico City, sondern
auch für die meisten Orte mit Sehenswürdigkeiten, also alle Regionen, in denen sich viele Touristen aufhalten. Hält man sich aber
an die Tipps, dann steht einer wunderbaren Reise durch dieses
abwechslungsreiche Land nichts im Wege.

Mexico City

Die Stadt ist heute mit rund 25 Millionen Einwohnern (im Großraum)
eine der Megacitys der Welt. Wer sich für die Geschichte des Landes
interessiert, kommt nicht an seiner Kapitale vorbei. Die früheren
Hochkulturen haben hier deutliche Spuren hinterlassen. Nicht weniger als 22 Stätten gehören zum Weltkulturerbe der Unesco.
Das gilt auch für die Halbinsel Yucatan, auf der viele Baudenkmäler
der Mayakultur zu bewundern sind. Auch Tikal, die größte Haupt-

stadt der Mayas (sie liegt in Guatemala), ist nur rund 70 km von der Landesgrenze entfernt. Gegründet wurde Mexico City 1325 von den Azteken und hieß damals Tenochtítlan.

Museen

Museo Nacional de Antropología: Hier kann man die wichtigste Sammlung der präkolumbianischen Geschichte des Landes entdecken.

Museo Frida Kahlo: Im Haus der berühmtesten mexikanischen Malerin ist deren turbulentes Leben in vielen Einrichtungsgegenständen und Werken festgehalten.

Bauwerke

Ein Besuch der weltberühmten Kathedrale am Platz »Zócalo« in Mexiko Stadt ist unbedingt zu empfehlen und sollte schon beinahe Pflicht sein.
Die beeindruckenden Pyramiden von Teotihuacán – Stadt der Götter – sind ebenfalls in der Nähe von Mexico City.

Tequilaregion

Wer die Tequilaregion bereist, muss Guadalajara, die Hauptstadt des Bundesstaates Jalisco – reichste und zweitgrößte Metropole Mexikos zugleich – besuchen.
Puerto Vallarta, das Seebad am Pazifik, ist ebenfalls einen entspannenden Abstecher wert.

Übrigens: der international berühmteste Sohn des Bundesstaates ist kein Geringerer als Carlos Santana. Aber auch die bekannte Band Maná, aus Guadalajara stammend, ist nicht nur in den spanischsprachigen Ländern der Erde regelmäßig ganz vorne in den Musikcharts zu finden.

Anfang Dezember findet in Santiago de Tequila jedes Jahr eine Tequila-Messe statt – die »Feria del Tequila«.

Wichtige Adressen und Telefonnummern:

Mexikanisches Fremdenverkehrsamt

Taunusanlage 21
60325 Frankfurt am Main
Tel.: 069 / 253 09 und 25 37 55

Botschaft der Vereinigten Mexikanischen Staaten

Klingelhöfer Str. 3
10785 Berlin
Tel.: 030 / 269 32 30

Tourismusministerium – Secretaria de Tourismo

Av. Presidente Mazaryk 172
11587 Mexico City
Mexiko

Flugverbindungen: Die Lufthansa bietet eine tägliche Verbindung von Frankfurt nach Mexiko City, in die Urlaubsgebiete nach Cancun und an die Pazifikküste fliegen die Charter-Carrier.

die rezepte

Original mexikanische Küche ist für deutsche
Gaumen eher ungewöhnlich, da sie in der
Regel für unseren Geschmack deutlich zu
scharf ist. Deshalb haben wir uns um ein
wenig »Geschmacks-Kompatibilität« bemüht.
Alle Rezepte sind exklusiv für dieses Buch
entwickelt worden.

guacamole

2 reife Avocados
Saft von 2 Limetten
2 Tomaten, gehäutet,
Stielansatz entfernt, entkernt und fein gehackt
1 weiße Zwiebel,
klein gewürfelt
2 grüne Serrano-Chili-
schoten, entkernt und
fein gehackt
1–2 EL Koriander,
fein gehackt*
Salz
1 Prise Zucker
* Alternativ: Petersilie

1. Die Avocados halbieren. Vom Kern drehen und das Fruchtfleisch auslösen. In eine Schüssel geben und mit Limetten-saft übergießen.

2. Avocadofleisch mit einer Gabel zerdrücken und die übrigen Zutaten untermischen. Mit Salz und Zucker ab-schmecken, sofort mit Nachos servieren.

ceviche vom seeteufel

500 g Seeteufelfilet
100 ml Limettensaft,
frisch gepresst
Saft von 2 Orangen
2 getrocknete rote Chili-
schoten, fein gehackt
Salz, Zucker,
grüne Tabascosauce
125 ml Tomatensaft
2 EL Pflanzenöl
4 Schalotten,
klein gewürfelt
1 Fleischtomate, gehäutet,
Stielansatz entfernt,
entkernt und klein
gewürfelt
2 EL Petersilie,
fein gehackt

1. Den Fisch in kleine Würfel schneiden. Limetten- und Orangensaft mischen, mit Chilischoten, Salz, Zucker und grüner Tabascosauce scharf abschmecken. Fischwürfel einlegen und abgedeckt in der Marinade zwei Stunden im Kühlschrank ziehen lassen.

2. Tomatensaft mit dem Öl verrühren, Schalotten- und Tomatenwürfel hineinge-ben; ca. eine Stunde kühlstellen, dann mit Petersilie unter das Ceviche mischen und kurz ruhen lassen, nicht weiter kühlen.

3. In Gläsern oder Glasschalen servieren.

Dazu passt ein milder Reposado.

enchiladas mit grünen tomaten

1–2 Jalapeño-Chilischoten (nach Verträglichkeit)
2 EL Olivenöl
250 g grüne Tomaten, mit dem Sparschäler gehäutet, Stielansatz entfernt, entkernt und gewürfelt
120 g ungesalzene Erdnusskerne, gehackt
250 ml Hühnerbrühe
Salz
1 EL Korianderblätter, fein gehackt
2 gekochte Hühnerbrüste ohne Haut und Knochen, klein gewürfelt
12 Tortillas (Ø 18 cm)
Pflanzenöl zum Braten
200 g Queso blanco (fresco)*
1 große Zwiebel, gehackt
200 g saure Sahne

* Alternativ: Kuhmilchfeta

1. Die Chilischoten in Olivenöl anbraten, aus der Bratpfanne nehmen, schälen, entkernen und klein schneiden. Das Öl in der Pfanne belassen.

2. Für die Füllung die Tomaten mit den Chilischoten und Erdnüssen im verbliebenen Öl anbraten, mit Hühnerbrühe aufgießen und 25 Minuten schmoren. Mit Salz und Korianderblättern würzen. Die Fleischwürfel zugeben und in der Sauce erhitzen.

3. Die Tortillas in einer beschichteten Grillpfanne ohne Fett von jeder Seite 2 Minuten anbraten. Jeweils zwei Esslöffel der Füllung in die Mitte einer Tortilla geben und die Seiten über der Füllung zusammenklappen. Die restliche Füllung, den zerbröselten Käse und die gehackte Zwiebel darüber geben.

4. Die Tortillas auf Tellern anrichten und mit saurer Sahne servieren. Dazu passt ein Añejo Tequila.

Tipp: Ancho-Chilischoten (das sind reife, getrocknete Poblano-Chili-schoten) haben einen bittersüßen, besonderen Geschmack. Sie werden vor der Verwendung in Wasser eingeweicht. Wer gerne scharf isst, sollte diese typisch mexikanischen Chilis im Rezept ausprobieren!

4 Red Snapper-Filets
mit Haut (à ca. 150 g)
1 Bambus-Dämpfer
(⌀ 20 cm)*
6 geh. EL grobes Meersalz
4 EL Hickory Rauchsalz
1 Bund Thymian
2 Limetten, in ½ cm
Scheiben geschnitten
Alufolie
Fleur de sel mit
Verdelli-Zitrone**
1 Bund Koriander

Salsa
2 Fleischtomaten,
gewürfelt
1 mittelgroße rote Zwiebel,
fein gewürfelt
1 Chipotle-Chilischote
in Adobo-Sauce***,
fein gehackt
1 EL Koriander, fein gehackt
Saft von 1 Limette
je 1 Prise Salz und Zucker
schwarzer Pfeffer,
frisch gemahlen

Marinade
50 ml Reposado Tequila
50 ml frischer Limettensaft
2 Knoblauchzehen
1 TL Salz, 4 EL Olivenöl

geräuchertes
red snapper–filet
mit reposado–tequila–marinade,
tomatensalsa und chili–quesadillas

1. Alle Salsa-Zutaten in einer Schüssel
verrühren und ca. 1 Stunde ziehen lassen.
Die Zutaten für die Marinade mit dem
Stabmixer in einem hohen Gefäß glatt
mixen. Die Fischfilets mit der Marinade
übergießen und im Kühlschrank ca. 40 Minuten ziehen lassen. Käse, Schalotten
und Jalapeños verrühren und die Tortillas
zur Hälfte damit bestreichen, die andere
Hälfte freilassen, einmal umklappen und
bereitstellen.

2. Einen Dampfkochtopf mit Alufolie
auskleiden, um den Rand eine dicke
Alufolie legen, damit der Bambus-Steamer
später fest im Topf sitzt und kein Dampf
entweichen kann. Meer- und Rauchsalz in
den Topf geben.

3. Den ersten Aufsatz des Bambus-Däm-
pfers mit Thymian auskleiden, den zweiten
mit Limettenscheiben. Fischfilets aus der
Marinade nehmen (Marinade aufheben),
trocken tupfen und mit der Hautseite nach
unten auf die Limettenscheiben legen.
Bambus-Deckel aufsetzen.

Quesadillas

4 große Weizentortillas
8 EL Käse, gerieben
4 EL Schalotten,
fein gehackt
4 EL Jalapeño-Chilis,
sehr fein geschnitten

* Diese »Steam-Baskets« gibt
es in jedem Asiamarkt in unterschiedlichen Größen zu kaufen.
** Mit Zitrone aromatisiertes
hochwertiges Salz, das einen
leicht körnigen Biss hat.
*** Das sind reife, geräucherte
Jalapeño-Chilis in einer spe-
ziellen Tomatensauce.

4. Den Topf stark erhitzen, bis das Salz leicht zu rauchen beginnt, dann die Hitze reduzieren, die Bambus-Aufsätze in den Topf geben und den Fisch 10 Minuten langsam anräuchern. Danach etwas Wasser angießen (2–3 cm hoch) und den Deckel wieder aufsetzen. Nach weiteren 10 Minuten ggf. Wasser nachgießen und den Fisch nochmals 10 Minuten garen. Die Filets benötigen insgesamt etwa 30 Minuten Garzeit. Mit dem Finger kann man den Fisch auf Spannung testen: Wenn er auf Druck nur noch leicht nachgibt, den Topf zur Seite stellen.

5. Eine flache Bratpfanne erhitzen und die vorbereiteten Quesadillas ohne Fett darin goldbraun braten, vierteln und auf einem Teller anrichten.

6. Die Salsa in ein Sieb geben und den Saft in einem kleinen Topf auffangen. Die zurückbehaltene Fischmarinade dazugießen, erhitzen und die Flüssigkeit schnell reduzieren.

7. Die abgetropfte Salsa auf Tellern anrichten und die Fischfilets daraufsetzen. Den eingekochten Saft über die Filets gießen, mit Fleur de Sel bestreuen und mit einem Korianderstrauß garnieren.

**geräuchertes
red snapper-filet**
mit reposado-tequila-marinade,
tomatensalsa und chili-quesadillas

2 Rinderlendensteaks
(à ca. 300 g)
8 cl Tequila
1 kleine Dose Kidneyboh-
nen (Abtropfgewicht 150 g)
1 kleine Dose Wachtelboh-
nen (Abtropfgewicht 150 g)
2 EL Pflanzenöl
6 mittelgroße Schalotten,
fein gewürfelt
1 Knoblauchzehe, in dünne
Scheiben geschnitten
1 Zweig frischer Thymian
4 Scheiben Frühstücks-
speck
1 Chipotle-Chilischote
in Adobo-Sauce*
2 EL Koriander,
fein geschnitten
Salz
2 EL Schnittlauch,
fein geschnitten
1 gestr. EL schwarzer
Pfeffer, im Mörser frisch
zerstoßen

* Das sind reife, geräucherte
Jalapeño-Chilis in einer spezi-
ellen Tomatensauce.

marinierte rinderlende
mit sauza añejo conmemorativo tequila, gedünsteten schalotten und gebratenen chilibohnen

1. Rinderlenden-Steaks halbieren und mit einer Fleischgabel mehrfach durch-stechen, mit dem Tequila ca. 1½ Stunden im Kühlschrank marinieren, dabei ein- bis zweimal wenden.

2. Kidney- und Wachtelbohnen abgie-ßen, im Sieb mit kaltem Wasser überbrau-sen und gut abtropfen lassen.

3. Eine flache Bratpfanne mit dem Öl erhitzen, einen Esslöffel Schalotten und den Knoblauch leicht anrösten. Den Thy-mianzweig einlegen, die Bohnen zugeben und bei mittlerer Hitze anbraten. In einer zweiten Bratpfanne die Speckscheiben kross anbraten und auf einem Küchentuch abkühlen lassen. Die Pfanne mit dem aus-gelassenen Fett beiseite stellen.

4. Die Chipotleschote fein hacken, zu den Bohnen geben und kurz mitbraten. Die Speckscheiben fein hacken und den Saft der Chilibohnen sowie den Koriander in die Pfanne geben, kurz schwenken und zur Seite stellen.

5. Die Pfanne mit dem Fett des ausgelassenen Specks erneut erhitzen. Die Steaks aus der Marinade nehmen (Flüssigkeit aufheben), trocken tupfen und zuerst auf der Fettseite kross anbraten, anschließend auf jeder Seite ca. 1–2 Minuten braten, mit Salz würzen und warm stellen.

6. Die restlichen Schalotten in der Fleischpfanne dünsten, mit der Marinade aufgießen und reduzieren, salzen und Schnittlauch hinzufügen. Die Steaks wieder in die Pfanne geben und darin schwenken (nicht mehr erhitzen).

7. Die Pfanne mit den Bohnen kurz erhitzen, mit Salz und Pfeffer abschmecken und den Thymianzweig entfernen.

8. In tiefen Tellern die Bohnen anrichten, die Steaks auf die Bohnen setzen und die Schalotten darüber verteilen. Frisches Weißbrot dazu servieren.

4 Schweinefilets (à 200 g)
3 EL Pflanzenöl
3 EL Mehl
2 Zwiebeln, in Streifen
geschnitten
3 Knoblauchzehen,
fein gehackt
115 g Pecannüsse, gehackt
1 reife Kochbanane,
geschält und in Scheiben
geschnitten
200 ml Hühnerbrühe
200 ml Reposado Tequila
Saft von 1 Limette
Salz, Pfeffer und
Cayennepfeffer
120 g Rosinen, in 100 ml
trockenem Sherry (Fino)
eingelegt (am Vortag)*
50 g rote Johannisbeeren

* Oder die Rosinen am selben
Tag mit erhitztem Sherry übergießen und ziehen lassen. Dann
die Flüssigkeit durch ein Sieb
abgießen.

schweinefilet »el borracho«
mit reposado tequila, roten johannisbeeren und rosinen

1. Backofen auf 150 °C vorheizen. Schweinefilets waschen, trocken tupfen und mit Salz und Pfeffer würzen.

2. Zwei Esslöffel Öl im Bräter erhitzen, die Filets mehlieren, scharf anbraten und aus dem Bräter nehmen.

3. Das restliche Öl in den Bräter geben, Zwiebeln und Knoblauch glasig dünsten, Nüsse und die Hälfte Bananenscheiben dazugeben und etwa vier Minuten braten. Die Bananenmischung aus dem Bräter nehmen und auf die Seite stellen.

4. Die restlichen Bananen in den Bräter geben – sie sorgen dafür, dass die Sauce schön sämig wird –, den Bratensatz mit dem Tequila ablöschen und mit der Brühe aufgießen. Die angebratenen Schweinefilets in den Bräter legen, den Deckel auflegen und ca. 8–10 Minuten im Ofen garen.

5. Die Filets herausnehmen, in Alufolie wickeln und warm stellen. Die Sauce unter starker Hitzezufuhr auf die Hälfte reduzieren, mit Limettensaft, Salz, Pfeffer und Cayennepfeffer abschmecken. Nun die Bananenmischung und die abgetropften Rosinen in die Sauce geben und erwärmen. Zum Schluss die mit einer Gabel von der Rispe abgestreiften Johannisbeeren hinzufügen und in der Sauce schwenken.

6. Die Filets portionsweise in Tranchen schneiden, mit der Sauce übergießen. Dazu passt am besten Wildreis.

1 kg mageres Schweine-
fleisch, in ca. 3 cm große
Würfel geschnitten
125 ml Pflanzenöl
2 EL Reposado Tequila
1 kleine getrocknete
Chilischote, im Mörser
zerstoßen
½ TL Kreuzkümmel,
gemahlen
½ TL Korianderkörner,
im Mörser zerstoßen
Salz und Pfeffer
2 gekochte Maiskolben
2 rote Paprikaschoten/
Peperoni, halbiert und
entkernt

marinierte schweinefleischspieße

1. Das Fleisch in eine Schüssel legen.
Das Öl mit Tequila und den Gewürzen
verrühren und über das Fleisch verteilen.
Abgedeckt im Kühlschrank vier Stunden
marinieren.

2. Die Maiskolben in nicht zu dünne
Scheiben, die Paprikaschoten in mund-
gerechte Stücke schneiden. Die Fleisch-
stücke aus der Marinade heben und
abwechselnd mit den Maisscheiben und
Paprika auf Grillspieße stecken.

3. Auf dem heißen Grill von allen Seiten
ca. 10 Minuten grillen, ab und zu mit der
restlichen Marinade bestreichen.

4. Die fertigen Spieße auf Platten servieren. Dazu passen Tortillas oder weißer
Reis.

2 reife Mangos
1 EL Limettensaft
4 cl weißer Tequila
5 Blatt weiße Gelatine
250 g brauner Rohrzucker
250 ml Wasser
4 Eier, getrennt

mangomousse

1. Die Mangos schälen und das Fruchtfleisch vom Stein schneiden. Mit dem Limettensaft und dem Tequila im Mixer pürieren.

2. Gelatine in etwas Wasser einweichen. In einem Topf den Zucker mit dem Wasser zu einem dickflüssigen Sirup einkochen und die ausgedrückte Gelatine darin auflösen. Anschließend das Mangopüree einrühren. Die Masse in eine Schüssel umfüllen, etwas abkühlen lassen und die Eigelbe unterrühren.

3. Die Eiklar sehr steif schlagen. Sobald die Mangocreme zu gelieren beginnt, mit zwei Esslöffeln Eischnee glattrühren. Dann den restlichen Eischnee unterheben. Auf Dessertschalen verteilen und abgedeckt im Kühlschrank fest werden lassen.

125 g Zucker
60 g weiche Butter
3 Eier (Größe M)
1 Prise Salz
150 g Mehl
½ Pck Backpulver
60 g gesüßte Kondensmilch
aus der Tube
60 g Kaffeesahne 10 %
60 ml Milch
4 cl Añejo Tequila

Kirschbelag
½ EL Speisestärke
150 ml Kirschsaft
30 g Zucker
¼ Vanillestange,
aufgeschlitzt
2 cl Tequila
250 g Sauerkirschen
aus dem Glas

Topping
250 ml Sahne
½ EL Zucker
½ Pck Sahnesteif

8 Tortelett-Förmchen
(∅ 10 cm, mindestens
2,5 cm hoch)*

milchkuchen »tres leches«
mit añejo tequila und sauerkirschen

1. Den Backofen auf 175 ° C vorheizen.

2. Zucker und Butter schaumig schlagen, bis die Masse sich verdoppelt hat. Nach und nach die Eier zugeben und kräftig unterrühren. Zum Schluss Salz, gesiebtes Mehl und Backpulver einrühren.

3. Den Teig in gebutterte und mehlierte Tortelett-Förmchen geben, 15 Minuten auf der mittleren Schiene backen, bis die Teigoberfläche eine hellgoldene Farbe angenommen hat. Torteletts abkühlen lassen und mit einem Holzspieß flächendeckend einstechen.

4. Die drei Milchsorten mit dem Tequila verrühren. Die Flüssigkeit mit einem Pinsel auf die abgekühlten Torteletts streichen, bis diese von der Milch gesättigt sind. Jeweils mit Frischhaltefolie abdecken und ca. 3 Stunden im Kühlschrank ruhen lassen.

* Alternativ kann dieses Rezept auch als Kuchen in einer Springform (∅ 24 cm) zubereitet werden. Dann die Backzeit auf ca. 25 Minuten erhöhen.

5. Die Speisestärke mit einem Esslöffel Kirschsaft glatt rühren und beiseitestellen. Den restlichen Saft mit Zucker, Vanille und Tequila aufkochen lassen. Den Topf auf die Seite stellen, die Vanillestange entfernen und die Speisestärke in die heiße Flüssigkeit einrühren. Zum Schluss die Kirschen unterrühren und abkühlen lassen.

6. Die Sahne mit dem Zucker und Sahnesteif aufschlagen. Die abgekühlte Kirschmasse auf den Teig geben und die Schlagsahne mit einem Spatel darüber verteilen. Den Kuchen vor dem Servieren noch mindestens eine Stunde kühl stellen.

tequiladrinks

Drinks mit Tequila gehören für einen Barkeeper
zum Kompliziertesten, denn der intensive Eigen-
geschmack des Agavendestillats erfordert die
genaueste Dosierung der weiteren Zutaten und
ein profundes Wissen über die passenden Mixpartner.

4–5 cl weißer Tequila
2 cl Triple Sec (oder
Cointreau für einen
süßeren Geschmack)
2–3 cl Zitronensaft

New-York-Margarita:
2 cl Curaçao blue
zusätzlich

margarita – der klassiker

Die Zutaten im Shaker auf Eis shaken,
entweder in einen Tumbler oder in ein
mit Salzrand vorbereitetes Cocktailglas
abseihen.
Dekoration: Zitronenscheibe am Glasrand.

Strawberry-Margarita: Zutaten zusammen
mit frischen Erdbeeren und Eis im Mixer
pürieren und in ein Cocktailglas geben.

In die Tommy's Margarita kommt statt
Triple Sec 2 cl Agavensirup und der
Zitronensaft wird ersetzt durch frisch
gepressten Limettensaft. Sie ist perfekt für
weißen Hundert-Prozent-Agave-Tequila.

5 cl weißer Tequila
1–2 cl Zitronensaft
10–12 cl Orangensaft,
frisch gepresst
1 cl Grenadine

tequila sunrise

Zutaten (ohne Grenadine) mit Eiswürfeln shaken und in ein Longdrinkglas auf Würfeleis abseihen, Grenadine langsam zufügen.
Dekoration: Orangenscheibe am Glasrand.

4–5 cl weißer Tequila
2 cl Crème de Cassis
Ginger Ale
1–2 Limettenviertel

el diabolo

Tequila und Crème de Cassis im Longdrinkglas auf Eiswürfeln verrühren, mit Ginger Ale auffüllen und mit Limettenvierteln abspritzen.

über die autoren

Werner Obalski, Journalist, beschäftigt sich publizistisch seit 25 Jahren schwerpunktmäßig mit alkoholischen Getränken. Der Tequila-Mythos begleitet den Westernfan seit langer Zeit und der Geschmack des aus der Agave gewonnenen Destillats fasziniert ihn immer wieder. Er begrüßt den wiederkehrenden Tequilaboom, der exzellente Hundert-Prozenter mit sich bringt, die man am besten pur genießen kann. Und für Sour Cocktails gibt es nach seiner Meinung keinen besseren Mixpartner als weißen Tequila. Zusammen mit Jürgen Deibel hat er bei Hädecke das Buch »Sherry – Kultur & Genuss« herausgebracht.

Jürgen Deibel ist Deutschlands einziger hauptberuflicher Spirituosenexperte, der sich mit allen Spirituosen beschäftigt. Er blickt auf weit über 25 Jahre Beratertätigkeit zurück und arbeitet vor allem für die Gastronomie, Verbände und Produzenten. Jürgen Deibel gibt Seminare, führt durch Tastings und ist als Buchautor, Autor für diverse Fach- und Publikumsmedien und Dozent tätig. Er lebt in Hannover.

Die Rezepte stammen von zwei Experten:

René Mohaupt, Küchenchef des Münchner Bar-Restaurants »Juleps« (Tel. ++49 / 89 / 448 00 44, Breisacher Str. 18, 81667 München), das sich seit mehr als 20 Jahren bemüht, dem Anspruch der texanisch-mexikanischen Küche zu genügen – mit Erfolg.

Ingeborg Pils, Fachjournalistin und Autorin, arbeitet auf dem kulinarischen Sektor für Tageszeitungen und schreibt Bücher rund ums Essen, Trinken und Wohlfühlen (u. a. »1000 Recipes to try before you die – Eine kulinarische Reise um die Welt« und »Italien – die landestypische Küche«).

danksagung

Unser Dank für die Rezepte, die etwas Mexiko in unsere Küchen zaubern, geht an René Mohaupt, Küchenchef des Juleps (München) und an Ingeborg Pils (München), freie Journalistin und Buchautorin sowie für die Drinks an Franz Brandl, dessen »Mix Guide« die Basis dafür lieferte.

Für die Bereitstellung von Bildmaterial danken wir Borco Marken-Import, Brown-Forman für Herradura, Deibel Consultant, Diageo, Sonja Erler bei Sierra Madre sowie Semper idem Underberg/ TeamSpirit für Milagro.

Dank für ihre Unterstützung an die Tequila-Importeure Borco, Brown-Forman, Diageo, Maxxium, Sierra Madre und TeamSpirit sowie an das Consejo Regulador del Tequila.

Für die Bereitstellung der Fotorequisiten bedanken wir uns bei den Münchner Firmen KOKON Lifestyle Haus, 1260 Grad, Radspieler und Kustermann.

rezeptverzeichnis

bildnachweis

Seiten 6, 10 – 12, 16 – 18, 24, 27 – 28, 30 – 44, 51, 54 – 62,
Borco Marken-Import GmbH & Co.KG, Hamburg

Seiten 8, 15, 29 rechts und 48
Sonja Erler / Sierra Madre Trend Food GmbH, Hagen

Seiten 26, 29 links und 46
Deibel Consultants, Hannover

Seiten 52 und 53 Mitte
Brown-Forman Tequila Mexico, Guadalajara / Jalisco

Seite 53 links und rechts
Milagro Tequila, Tepatitlán de Morelos / Jalisco

Foodfotos
Jana Liebenstein, München

LebensArt · die Reihe für Genießer

Sherry – Kultur & Genuss
von Werner Obalski und Jürgen Deibel
Flüssiges Andalusien: Das Geschenkbuch zum Sherry mit Fachinformationen, exklusiven Rezepten und Wissenswertem zur Geschichte und Herstellung sowie Adressen vor Ort.
96 Seiten mit 65 Farbbildern, ISBN 978-3-7750-0524-1.

Rum, Drinks & Havanas – Cuba Classics
von Ernst Lechthaler und August F. Winkler
Karibische Cocktails, short stories und longdrinks, Tipps, wo man den besten Rum bekommt, Berichte aus der Zigarrenfabrik u.v.m. Ein Genießerguide zum Traumreiseziel Kuba!
96 Seiten mit 75 Farbfotos, ISBN 978-3-7750-0304-9.

Schokolade – süßes Gold
von Birgit Damer, Fotos: Elmar Schwarze
Geschichten und Warenkunde, Rezeptkreationen von elf internationalen Spitzenköchen mit Weinempfehlungen, Zitate aus der Weltliteratur und nützliche Adressen für Schocoholics.
104 Seiten mit 73 Farbfotos, ISBN 978-3-7750-0459-6.

Lunch für Zwei – Euro-Asiatische Rezepte
von Mirco Frentzel und Hanjo Seißler
Neue Geschmackserlebnisse mit modernen Bistrorezepten, die asiatisch inspiriert sind. Für alle, die zu zweit das Besondere lieben!
89 Seiten mit 54 Farbfotos, ISBN 978-3-7750-0509-8.

H HÄDECKE

Weitere Informationen über Genussbücher bei:
Walter Hädecke Verlag | Postfach 1203 | 71256 Weil der Stadt | Deutschland
Telefon +49(0) 70 33 / 13 80 80 | Fax +49(0) 70 33 / 138 08 13
E-Mail info@haedecke-verlag.de